CHRISTMAS 20

This Book
Belongs to:
ALLESSIA
aka-LESSIE-LOU

Lots of Love - POPPA & GRANNY

Ocean Word Search

S	H	I	P	T	O	J	P	F	D
I	A	S	U	N	E	L	A	I	S
F	N	I	D	S	Y	W	I	S	A
E	C	S	C	L	O	U	D	H	I
T	H	Y	K	G	Y	L	E	T	L
A	O	H	T	A	C	K	L	E	R
B	R	E	Q	I	L	E	H	T	I
S	E	L	M	W	H	A	L	E	D
P	A	M	L	J	A	M	E	R	S
Y	S	T	E	A	M	B	O	A	T

SHIP   TACKLE
SUN   SAIL
ANCHOR   CLOUD
FISH   WHALE
STEAMBOAT

Farm Animals

k	t	u	r	k	e	y	g	g	i	c	h	i	c	k	e	n
a	y	j	f	u	x	l	o	w	t	c	v	y	x	h	l	s
n	y					i	a	o	g	r	j	t	o	a	h	
x	o					y	t	q	z	e	l	f	p	r	m	e
g	p					r	o	o	s	t	e	r	k	s	b	n
v	g				j	g	s	z	p	z	e	t	e	d	c	
g	d	o	n	k	e	y	o	b	r	h	k	r	u	c	p	a
i	c	y	d	u	c	k	o	u	q	c	s	h	e	e	p	t
m	m	q	p	y	b	y	s	l	o	b	r	x	q	d	l	m
i	h	u	v	t	h	i	e	l	p	i	g	m	c	c	o	w

bull	duck	lamb
cat	goat	pig
chicken	goose	rooster
cow	hen	sheep
donkey	horse	turkey

Dinosaur

3

A	S	M	I	N	C	O	L	Y	T
L	U	V	I	M	E	P	H	A	L
L	R	E	A	S	T	S	P	I	E
O	U	L	A	P	R	H	P	N	S
S	A	O	R	N	O	U	O	O	U
A	R	C	A	O	D	S	L	S	R
N	O	I	S	A	U	R	O	A	U
K	T	R	A	R	C	H	I	A	S
Y	P	A	T	S	U	L	A	T	U
L	O	S	A	U	R	A	R	U	R

ALLOSAURUS   SPINOSAURUS

ANKYLOSAURUS   TALARURUS

ASTRODON   TARCHIA

MINMI   TYLOCEPHALE

PARASAUROLOPHUS   VELOCIRAPTOR

Space Word Search

L	A	H	E	A	C	O	M	E	T
I	Z	M	Y	S	E	L	A	O	B
F	U	F	O	T	Y	R	I	C	H
E	G	S	C	R	D	O	S	U	N
S	T	A	R	O	S	C	A	P	T
A	M	N	E	N	O	K	N	L	O
B	O	A	Q	A	L	E	H	A	I
M	O	L	M	U	K	T	O	N	D
P	N	Z	L	T	A	M	E	E	S
W	Y	S	P	A	C	E	L	T	Y

COMET
MOON
UFO
ASTRONAUT
STAR

SPACE
SUN
ROCKET
PLANET

Circus

B	I	G	A	G	Y	M	N	A	S
P	O	T	C	R	O	B	A	T	T
G	U	J	A	M	R	I	N	G	M
G	U	E	G	C	R	E	T	S	A
L	N	L	I	L	N	T	I	C	K
E	I	C	C	O	W	E	L	K	E
R	C	Y	I	A	N	S	A	E	T
T	R	A	P	H	O	R	W	R	F
P	A	R	E	R	O	P	E	K	U
E	D	A	Z	E	T	R	I	C	N

ACROBAT	PARADE
BIG TOP	RINGMASTER
CLOWN	ROPE WALKER
FUN	TICKET
GYMNAST	TRAPEZE
HORSE	TRICK
JUGGLER	UNICYCLE
MAGICIAN	

Fairytale Word Search

L	A	H	E	T	O	J	P	P	D
I	U	N	I	C	O	R	N	R	B
F	C	I	D	S	Y	W	I	I	H
T	A	K	A	P	P	L	E	N	A
E	S	E	K	G	Y	L	R	C	R
A	T	Y	E	M	O	G	I	E	O
B	L	C	R	O	W	N	N	S	I
S	E	L	M	Y	K	L	G	S	D
P	O	C	A	R	R	I	A	G	E
W	A	N	D	E	L	O	V	E	Y

unicorn
apple
castle
key
wand

crown
princess
ring
carriage
love

Forest

M	U	S	H	R	O	O	M	F	B
I	P	L	Y	F	S	Q	A	L	U
B	S	U	T	O	Y	T	I	O	T
E	Q	S	O	O	D	R	M	W	T
T	U	Y	P	T	Y	E	F	E	E
A	I	N	L	P	C	E	O	R	R
R	R	A	A	R	A	M	X	T	F
S	R	L	N	I	H	A	R	E	L
P	E	I	T	N	A	B	E	R	Y
W	L	A	O	T	M	O	U	S	E

MUSHROOM HARE
FLOWER TREE
BUTTERFLY FOX
SQUIRREL PLANT
FOOTPRINT MOUSE

Baked Goods

D	P	T	A	P	P	U	D	C	A
O	I	I	S	G	N	I	D	E	K
N	E	U	T	C	U	P	B	T	E
U	T	C	R	L	O	C	A	Z	R
B	I	S	Y	F	A	A	G	E	P
C	H	A	L	L	A	K	U	L	E
B	R	E	A	D	H	E	E	T	T
U	F	F	I	N	C	R	O	I	S
M	B	A	C	O	O	T	N	A	S
L	E	G	E	I	K	P	I	T	A

BAGEL   DONUT   CROISSANT

BAGUETTE   LOAF   CUPCAKE

BISCUIT   MUFFIN

BREAD   PASTRY

CAKE   PIE

CHALLAH   PITA

COOKIE   PRETZEL

PUDDING

letter E

E	A	R	T	H	N	C	H	O	E	P
C	E	A	R	T	E	P	R	A	X	C
E	B	U	C	A	G	E	E	E	C	E
C	E	C	E	J	G	S	A	Y	A	S
L	H	R	A	B	P	S	S	T	V	S
A	O	A	G	S	L	U	T	R	A	D
I	J	B	L	K	A	E	E	B	T	E
R	N	M	E	I	N	P	R	C	O	U
E	C	U	P	B	T	A	R	D	R	H
J	I	S	E	N	V	E	L	O	P	E
E	G	G	S	O	M	P	A	S	S	P

EARTH   EXCAVATOR
ECLAIR   ENVELOPE
EGGPLANT   EGGS
EASTER   EAGLE

City Buildings

k	m	c	h	o	y	c	z	l	i	b	r	a	r	y	p	d	k
n	h	i	o	m	o	h	r	e	s	t	a	u	r	a	n	t	k
c	b	n	s	y	x	u				v	k	y	a	m	w	f	
a	x	e	p	h	h	r				a	i	r	p	o	r	t	
f	o	m	i	o	d	c				l	t	v	f	x	a	b	
e	b	a	t	u	w	h				b	a	k	e	r	y	a	
p	z	s	a	s	s	u	p	e	r	m	a	r	k	e	t	w	n
z	s	n	l	e	f	p	b	s	c	h	o	o	l	n	f	q	k
c	a	t	h	e	d	r	a	l	m	p	e	q	h	h	l	i	l
t	h	e	a	t	e	r	z	m	u	s	e	u	m	s	g	v	u

airport	church	museum
bakery	cinema	restaurant
bank	hospital	school
cafe	house	supermarket
cathedral	library	theater

Transport

w	b	b	i	c	y	c	l	e	i	e	l	e	a	o	r	f	v
v	s	a	c	r	a	n	e	m	i	n	i	b	u	s	f	i	a
w	n	l	o	j	e	e	p	u	t	a	x	i	v	x	z	o	n
r	o	i	d	p	j	v	g	t	a	n	k	s	c	w	x	l	o
e	w	n	r	e	i	j	s	l	y	b	a	d	z	q	c	a	r
c	p							i	a	u	u	s	t	r	u	c	k
k	l							z	b	s	t	r	a	c	t	o	r
e	o							m	o	t	o	r	c	y	c	l	e
r	w							j	b	u	l	l	d	o	z	e	r
y	a	u	g	r	w	a	p	k	i	s	c	o	o	t	e	r	t

bicycle   jeep   tank

bulldozer   minibus   taxi

bus   motorcycle tractor

car   scooter   truck

crane   snowplow   wrecker

Animal Word Search

z	e	u	f	f	z	e	b	r	a	e	t	j	c	q	s	h	e	c	t
a	l	l	i	g	a	t	o	r	q	l	d	v	m	l	o	p	k	k	p
n	g	q	g	b	e	a	r	w	k	e	q	g	b	w	o	n	b	r	u
z	d	l	e	o	p	a	r	d	a	p	x	t	r	q	p	p	e	h	m
c	h	p	m	e	o	j	o	p	n	h	v	i	y	n	i	t	a	i	a
e	l	a	o	d	z	a	c	a	g	a	q	g	k	j	v	l	v	n	g
b	i	n	n	m	l	g	a	n	a	n	f	e				e	o	i
z	o	t	k	w	l	u	m	d	r	t	l	r				r	c	r
k	n	h	e	m	a	a	e	a	o	q	t	o				k	e	a
l	b	e	y	c	m	r	l	y	o	y	s	r				y	r	f
y	h	r	y	v	a	q	c	q	w	o	l	f	e	t	s	b	x	o	f
t	x	l	e	r	q	c	r	o	c	o	d	i	l	e	x	d	h	s	e

alligator	elephant	lion	puma
bear	giraffe	llama	rhinoceros
beaver	jaguar	monkey	tiger
camel	kangaroo	panda	wolf
crocodile	leopard	panther	zebra

B	R	W	I	R	U	P	C	A	R
L	E	A	K	T	L	L	O	V	D
A	Z	I	S	P	O	N	R	E	I
J	T	S	R	J	T	C	N	A	G
E	C	S	E	A	E	H	J	U	M
A	O	W	T	C	K	O	R	E	P
N	A	E	A	B	L	S	W	I	M
S	T	S	A	M	O	T	I	U	S
S	P	A	J	A	U	S	E	L	E
H	I	R	T	S	G	N	I	G	G

BLAZER   PONCHO

BLOUSE   PULLOVER

CARDIGAN   SHIRT

JACKET   SKIRT

JEANS   SWEATER

JUMPER   SWIMSUIT

LEGGINGS   WAISTCOAT

PAJAMAS

Fruits Word Search

L	O	H	P	E	A	C	H	K	C
I	R	A	P	P	L	E	N	O	O
P	A	B	A	N	A	N	A	C	C
L	N	S	O	N	D	A	M	J	O
U	G	Y	G	R	A	P	E	S	N
M	E	A	E	M	O	G	N	I	U
P	I	N	E	A	P	P	L	E	T
S	E	L	M	Y	K	L	O	I	D
P	A	P	E	A	R	M	E	R	S
W	Y	Z	O	R	L	E	M	O	N

PINEAPPLE   GRAPES
COCONUT   BANANA
ORANGE   PLUM
PEACH   PEAR
APPLE   LEMON

Zoo Animals

G	I	R	Z	E	B	H	I	M	P
P	H	A	C	A	R	C	E	L	A
E	A	F	R	O	C	O	D	I	N
L	N	F	O	S	T	R	E	E	Z
E	T	E	P	H	C	I	H	O	F
K	A	H	Y	L	I	O	A	G	L
O	R	I	T	N	C	N	T	N	A
O	R	P	H	O	H	E	E	I	M
K	U	P	O	N	O	P	O	R	C
A	B	R	H	I	E	N	I	P	U

CHEETAH KOOKABURRA
CHIMPANZEE LION
CROCODILE OSTRICH
ELEPHANT PORCUPINE
FLAMINGO PYTHON
GIRAFFE RHINO
HIPPO ZEBRA

Birthday

T	H	C	A	N	D	L	R	A	O
I	W	E	K	A	C	E	S	E	N
S	C	J	I	T	A	T	I	Y	C
T	A	O	V	P	F	R	O	A	E
N	R	Y	N	A	Y	I	N	N	I
E	D	S	I	R	T	E	S	G	R
S	E	R	P	S	D	N	W	U	E
N	G	S	S	E	H	S	I	E	L
I	T	E	E	R	G	S	T	S	A
G	I	F	T	S	S	S	E	V	I	T

CAKE WITH CANDLES   ONCE IN A YEAR
CARDS   PARTY
FRIENDS   PRESENTS
GIFTS   RELATIVES
GREETINGS   WISHES
GUESTS   JOY
INVITATIONS

B	C	O	O	K	L	A	P	T	O	P	H
O	W	A	T	E	R	B	O	T	T	L	E
O	O	S	T	A	T	I	O	N	E	R	Y
K	S	E	P	X	H	D	V	E	H	U	F
F	B	H	N	O	N	E	H	C	E	C	W
P	U	P	A	C	O	U	S	H	L	E	M
G	P	N	F	N	T	O	N	W	I	V	N
L	N	R	I	R	E	S	F	F	B	A	G
O	E	T	H	F	B	T	T	H	O	Z	N
B	O	E	H	O	O	B	C	A	M	I	D
E	U	G	N	D	O	R	E	C	W	U	X
F	B	G	F	C	K	X	M	S	H	P	J

BOOK
LAPTOP
WATERBOTTLE
STATIONERY
MOBILE

BAG
GLOBE
UNIFORM
NOTEBOOK

Shapes

C	E	F	G	I	H	C	I	R	C	L	E
R	T	S	A	S	O	K	R	I	W	E	J
O	S	T	R	I	A	N	G	L	E	O	N
S	E	A	M	N	F	C	V	A	B	A	G
S	P	R	E	C	T	A	N	G	L	E	T
H	I	P	O	M	U	R	E	R	K	L	E
S	E	M	I	C	I	R	C	L	E	O	H
Q	P	I	D	M	A	O	T	C	R	A	E
U	S	K	U	I	M	W	V	S	R	E	A
A	Q	R	C	T	C	T	O	P	I	S	R
R	T	P	E	N	T	A	G	O	N	G	T
E	P	K	A	S	W	O	I	C	G	A	B

CROSS   SEMICIRCLE
CIRCLE   ARROW
STAR   HEART
TRIANGLE   RING
RECTANGLE   PENTAGON
SQUARE

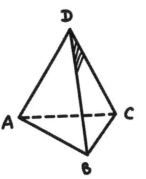

 Sea Word Search **20**

F	I	S	H	E	J	A	P	K	D
I	S	E	A	W	E	E	D	O	B
C	R	I	D	S	L	W	I	C	H
R	G	S	D	O	L	P	H	I	N
A	I	Y	K	G	Y	L	E	T	R
B	S	T	A	R	F	I	S	H	S
M	E	R	M	A	I	D	O	T	H
S	E	L	M	Y	S	L	H	I	E
A	P	S	L	W	H	A	L	E	L
P	E	A	R	L	I	V	E	C	L

STARFISH   CRAB
JELLYFISH   SHELL
DOLPHIN   WHALE
MERMAID   PEARL
SEAWEED   FISH

Animal Word Search

L	A	H	E	T	O	J	P	R	D
I	T	I	G	E	R	L	A	E	B
F	R	A	D	S	Y	W	I	I	H
E	G	I	R	A	F	F	E	N	A
T	I	L	K	G	Y	L	E	D	R
H	L	I	Z	E	B	R	A	E	O
A	H	O	Q	I	L	E	H	E	I
R	E	N	M	Y	K	L	O	R	D
E	A	Z	L	J	A	M	E	R	S
W	Y	Z	O	R	I	V	L	C	Y

TIGER
GIRAFFE
ZEBRA

LION
REINDEER
HARE

letter C

P	S	A	N	A	N	C	H	O	R	P
C	H	E	R	R	Y	P	R	A	U	C
A	B	U	C	A	S	P	L	E	B	H
X	E	C	L	J	C	J	L	Y	M	E
E	H	R	O	B	L	T	K	T	A	E
C	O	A	C	S	K	C	E	R	I	S
U	J	B	K	K	C	R	A	B	N	E
P	N	M	R	I	K	R	U	C	E	S
L	C	U	P	B	O	A	R	D	E	H
J	I	S	E	E	N	G	I	D	E	I
E	A	S	C	O	M	P	A	S	S	P

CHERRY
CUP
CLOCK
CRAB

CHEESE
COMPASS
CUPBOARD

C	W	E	R	A	C	B	L	U	E
O	O	R	N	A	T	L	L	E	B
R	L	L	I	P	I	O	N	D	A
N	F	U	T	A	D	R	Y	A	I
F	P	A	N	I	S	H	S	H	L
O	T	Y	S	Y	Y	C	A	N	T
R	R	O	E	L	L	M	U	M	E	H
G	N	E	V	A	G	L	A	D	I
E	E	H	T	F	O	S	U	L	O
T	M	L	I	L	Y	R	O	S	E

BLUEBELL

CARNATION

CHRYSANTHEMUM

CORNFLOWER

DAHLIA

DAISY

FORGET-ME-NOT

GLADIOLUS

LILY OF THE VALLEY

PANSY

ROSE

TULIP

TOYS WORD SEARCH

L	A	T	R	U	C	K	P	R	D
E	Z	M	Y	N	E	L	A	O	B
F	R	A	T	T	L	E	I	B	H
A	G	S	O	N	A	P	M	O	A
T	I	D	O	L	L	U	N	T	R
R	L	N	E	M	O	Z	N	D	E
A	H	C	A	R	L	Z	H	K	I
I	N	L	M	Y	K	L	O	I	D
N	A	Z	E	J	A	E	E	T	S
W	B	A	L	L	I	V	L	E	Y

TRUCK   PUZZLE
RATTLE   ROBOT
TRAIN   HARE
CAR   KITE
DOLL   BALL

Vegetables

C	A	R	R	O	T	R	W	P	E
P	E	P	P	W	Q	X	R	U	G
C	T	O	M	A	T	O	A	M	G
O	V	E	G	C	V	G	D	P	P
R	R	T	E	T	O	M	I	K	L
N	P	E	P	P	E	R	S	I	A
C	A	B	B	A	G	E	H	N	N
W	P	O	T	A	T	O	E	S	T
C	U	C	U	M	B	E	R	A	Q
W	R	G	D	W	S	A	A	F	I
P	O	T	A	F	P	G	T	S	F

CARROT   CORN
TOMATO   CABBAGE
PEPPER   POTATOES
PUMPKIN   RADISH
CUCUMBER   EGGPLANT

P	U	D	S	R	V	T	O	S	C
E	L	D	E	A	E	K	E	M	H
O	E	R	P	H	S	C	V	B	O
C	B	R	T	R	T	A	O	E	O
T	O	E	E	A	I	B	N	R	L
R	S	B	M	N	N	F	A	L	L
U	E	A	S	O	E	L	G	N	I
B	H	A	L	L	A	V	E	S	C
B	S	T	O	O	W	E	E	N	O
E	R	B	O	E	Z	A	M	N	R

BACK TO SCHOOL	OCTOBER
CORN MAZE	PUDDLE
FALLING LEAVES	RAIN
HALLOWEEN	RUBBER BOOTS
HARVEST	SEASON
NOVEMBER	SEPTEMBER

The Post

B	O	N	D	E	N	V	E	L	O	P	E
C	P	Y	P	B	W	E	D	C	H	S	M
P	O	S	T	O	F	F	I	C	E	A	L
Y	S	E	P	X	E	H	D	N	E	U	F
F	T	H	N	O	N	E	H	O	N	C	W
P	M	P	A	C	H	P	A	R	C	E	L
G	A	M	R	N	O	O	U	W	O	V	I
O	N	R	A	F	I	S	F	U	F	W	G
L	E	T	T	E	R	T	T	H	B	Z	N
C	O	E	H	O	M	B	C	A	H	I	D
F	U	N	O	F	O	O	E	C	M	U	X
K	B	D	F	C	I	X	R	S	H	P	J

POSTOFFICE   LETTER
BOX   PARCEL
STAMP   POSTBOX
POSTMAN
ENVELOPE

Hospital

B	C	N	D	M	L	A	P	O	O	T	H
T	A	W	O	R	E	B	P	T	T	L	E
O	O	S	C	A	T	D	O	S	E	R	Y
K	S	E	T	X	H	N	I	E	H	U	B
F	B	H	O	N	M	E	H	C	E	W	A
P	U	P	R	P	O	E	O	H	I	E	T
G	P	N	F	N	J	D	N	W	O	N	B
F	N	A	M	B	U	L	A	N	C	E	E
O	U	T	H	E	F	E	M	H	O	Z	B
B	R	E	H	O	S	P	I	T	A	L	D
B	S	G	N	D	O	R	X	C	W	U	X
F	E	G	F	C	P	A	T	I	E	N	T

DOCTOR
NURSE
MEDICINE
NEEDLE

AMBULANCE
HOSPITAL
PATIENT

Food Word Search

E	C	O	O	K	I	E	C	K	B
I	Z	M	Y	M	E	L	A	O	R
F	E	G	G	U	C	W	I	C	O
C	T	S	O	S	H	A	P	J	C
H	I	F	K	H	E	L	I	T	C
I	L	I	E	R	E	G	Z	I	O
C	H	S	Q	O	S	E	Z	T	L
K	E	H	M	O	E	L	A	I	I
E	A	Z	L	M	A	M	E	A	T
N	S	A	N	D	W	I	C	H	Y

BROCCOLI	EGG
SANDWICH	COOKIE
MUSHROOM	CHEESE
CHICKEN	MEAT
FISH	PIZZA

letter R

R	S	A	G	S	N	U	T	O	R	P
I	G	E	H	R	A	D	I	S	H	S
N	J	K	T	C	R	A	C	K	E	R
G	I	R	A	C	K	E	T	Y	A	U
S	N	S	A	B	L	T	K	N	R	G
R	A	S	P	B	E	R	R	I	E	S
S	S	R	W	K	C	R	A	E	E	N
P	T	O	H	I	K	R	U	D	T	O
G	I	B	S	R	A	C	C	O	O	N
J	I	O	L	E	N	G	I	E	H	E
N	E	T	E	O	G	P	R	A	I	N

RING
RAINBOW
RADISH
RUG
RASPBERRIES

RAIN
RACKET
ROBOT
RACCOON

Colors

E	O	I	S	A	L	P	W	H	I
G	R	N	N	O	M	U	K	B	T
N	A	D	E	L	P	R	N	L	E
O	G	I	O	R	G	P	I	U	K
R	E	H	C	E	E	T	G	E	H
K	N	L	E	Y	N	U	R	A	A
C	W	L	O	Q	R	B	Y	K
A	O	O	I	S	E	A	E	E	I
L	R	W	R	E	D	T	I	G	C
B	B	M	A	G	E	N	N	A	Y

BEIGE	OCHER	KHAKI
BLACK	ORANGE	MAGENTA
BLUE	PINK	YELLOW
BROWN	PURPLE	
CYAN	RED	
GRAY	SALMON	
GREEN	TURQUOISE	
INDIGO	WHITE	

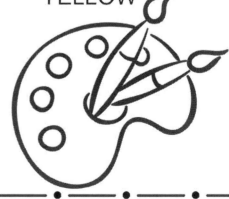

Toys

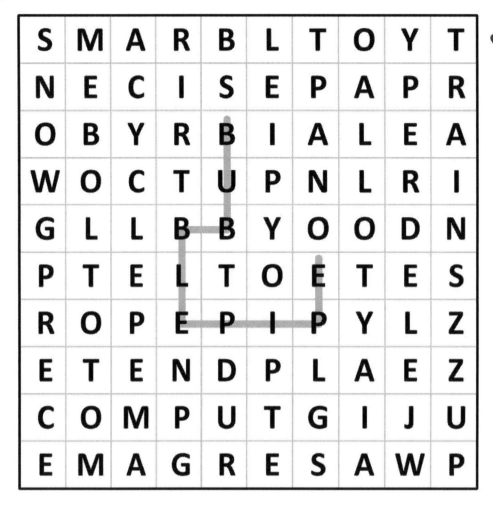

S	M	A	R	B	L	T	O	Y	T
N	E	C	I	S	E	P	A	P	R
O	B	Y	R	B	I	A	L	E	A
W	O	C	T	U	P	N	L	R	I
G	L	L	B	B	Y	O	O	D	N
P	T	E	L	T	O	E	T	E	S
R	O	P	E	P	I	P	Y	L	Z
E	T	E	N	D	P	L	A	E	Z
C	O	M	P	U	T	G	I	J	U
E	M	A	G	R	E	S	A	W	P

BUBBLE PIPE	SNOWGLOBE
COMPUTER GAME	TOP
JIGSAW PUZZLE	TOY PIANO
MARBLES	TOY TRAIN SET
PAPER DOLL	TRICYCLE
PRETEND PLAY	

Farm Animals

C	H	I	C	K	A	Z	S	H	O	R	E
H	O	S	U	N	D	U	F	E	G	U	N
I	L	M	V	B	U	E	X	C	O	W	E
Q	P	R	T	I	C	K	S	U	A	I	Y
K	J	D	O	N	K	E	Y	T	T	N	C
D	B	O	R	A	T	S	N	O	W	E	H
R	L	G	O	N	E	O	K	N	A	M	I
A	O	N	S	H	E	E	P	U	N	R	C
B	E	D	R	O	O	M	I	L	U	N	K
B	O	W	L	R	U	N	G	O	O	S	E
I	N	D	O	S	K	Y	B	I	S	M	N
T	U	R	K	E	Y	W	I	T	H	I	N

CHICK   RABBIT   GOOSE

DUCK   SHEEP

GOAT   CHICKEN

COW   PIG

DONKEY   HORSE

DOG   TURKEY

letter S

S	S	A	G	S	A	W	T	O	R	P
T	G	S	H	R	A	K	I	S	H	S
R	J	E	T	S	R	S	C	U	E	T
A	I	A	A	H	K	P	T	B	A	R
W	N	H	A	O	L	O	K	M	R	I
B	A	O	P	R	E	O	R	A	E	N
E	S	R	W	T	C	N	A	R	E	G
R	T	S	H	S	K	E	U	I	T	S
R	I	E	S	R	A	C	C	N	O	N
Y	I	O	L	E	N	G	I	E	H	E
N	E	S	N	O	W	P	J	A	I	N

STRAWBERRY
SUBMARINE
SEAHORSE
STRINGS
SHORTS

SPOON
SNOW
SAW

Musical Instruments

x	h	l	c	h	o	d	g	h	a	o	d	m	c	e	l	l	o	z
y	d	w	d	c	s	a	x	o	p	h	o	n	e	e			o	y
l	w	j	l	m	c	d	r	u	m	f	j	p	o					a
j	p	i	a	n	o	c	u	y	u	k	k	v	f					c
y	k	i	l	u	h	l	v	i	o	l	i	n	e					c
o	r	g	a	n	a	a	x	h	a	r	m	o	n	i	c	a	m	o
f	l	u	t	e	r	r	g	u	i	t	a	r	j	k	k	e	m	r
o				p	i	z	a	w	t	y	j	d	e	o	m	u	d
b				j	n	d	m	f	t	r	o	m	b	o	n	e	i
o				s	e	i	k	z	w	e	z	p	y	w	v	y	o
e				j	t	p	b	t	n	j	q	s	e	t	a	z	n
x	x	y	l	o	p	h	o	n	e	o	t	r	u	m	p	e	t	r

accordion	flute	oboe	trombone
cello	guitar	organ	trumpet
clarinet	harmonica	piano	violin
drum	harp	saxophone	xylophone

Fantastic Creatures

d	m	e	r	m	a	i	d	t	s	w	c	r	k	y	w
s	d	c	r	o	b	o	t	j	n	g	o	g	r	e	w
p	h	d	r	a	g	o	n	p	o	f	z	c	k	a	e
h	t	l	u	q	o	k	e	h	w	a	w	j	q	j	r
i	u	n	i	c	o	r	n	o	m	x	s	r	d	k	e
n	n	e	s	s	i	e	e	e	a	h					w
x	q	k	f	a	n	n	z	n	n	f					o
s	p	i	r	i	t	f	d	i	w	k					l
l	j	s	r	h	y	n	h	x	g	a					f
b	v	a	m	p	i	r	e	x	m	o	n	a	j	f	j

dragon	phoenix	spirit
mermaid	robot	unicorn
nessie	snowman	vampire
ogre	sphinx	werewolf

Water Transport

k	n	w	s	x	f	k	a	y	a	k	b	i	b	f	n	p	p
a	d	p	m	k	r	k	s	u	r	f	b	o	a	r	d	j	d
j	n	z	s	b	e	m	x	g	c	w	z	b	d	s	r	h	l
s	f	h	u	w	i	c	a	n	o	e	t	j	i	z	s	m	r
e	e	m	b	k	g	n				o	b	n	u	a	e	o
a	r	r	m	d	h	h				g	y	g	f	i	r	w
p	r	a	a	y	t	i				z	f	h	n	l	e	b
l	y	f	r	a	e	q	t	y	o	o	m	l	y	y	b	y	o
a	b	t	i	c	r	m	o	t	o	r	b	o	a	t	o	e	a
n	o	r	n	h	c	a	t	a	m	a	r	a	n	y	a	n	t
e	a	w	e	t	g	s	g	m	d	k	m	i	w	u	t	u	i
k	t	t	z	e	s	h	i	p	n	l	n	g	p	u	j	h	t

canoe	kayak	seaplane
catamaran	motorboat	ship
dinghy	raft	submarine
ferryboat	rowboat	surfboard
freighter	sailboat	yacht

Crossword

WORD SEARCH PUZZLE
Cute Insects

D	O	N	K	O	Y	P	D	I	P	S	A
R	B	R	T	E	R	M	I	T	E	I	N
A	O	L	C	S	A	T	G	K	M	A	T
G	R	A	S	S	H	O	P	P	E	R	D
O	B	D	A	G	E	S	N	L	R	N	C
N	P	Y	L	A	R	B	E	A	T	P	E
F	O	B	U	T	T	E	R	F	L	Y	I
L	N	I	U	O	M	E	O	L	E	R	M
Y	G	R	S	G	W	H	A	Y	A	K	O
F	U	D	L	R	U	B	E	A	G	E	T
K	I	L	C	O	C	K	R	O	A	C	H
R	N	P	N	G	Y	M	T	N	E	K	W

DRAGONFLY   LADYBIRD

TERMITE   BUTTERFLY

ANT   COCKROACH

GRASSHOPPER   MOTH

BEE   FLY

Thanksgiving Word Search

P	U	M	P	K	I	N	H	K	A
T	A	M	Y	M	E	L	A	O	C
E	T	U	R	K	E	Y	R	A	R
A	K	P	O	N	D	A	V	J	A
M	A	Y	F	L	O	W	E	R	N
P	U	M	R	M	O	N	S	I	B
I	T	O	A	I	L	E	T	S	E
L	U	P	I	L	G	R	I	M	R
G	M	I	N	A	K	M	E	B	R
M	N	N	O	P	I	E	L	E	Y

CRANBERRY
MAYFLOWER
TURKEY
HARVEST
PUMPKIN

TEA
AUTUMN
PILGRIM
RAIN
PIE

Pets

B	P	N	O	E	N	T	E	P	E	E	L
C	E	O	P	U	P	P	Y	C	H	S	M
P	T	O	N	N	F	E	T	C	A	R	L
I	C	E	P	X	O	T	D	O	E	W	F
F	A	H	I	H	O	C	H	E	Y	C	W
P	R	P	M	B	D	A	O	R	O	E	L
J	R	M	F	A	C	R	U	W	O	V	I
O	I	N	O	T	H	E	F	U	E	W	S
L	E	A	S	H	R	F	N	H	B	Z	N
F	R	H	U	T	A	B	C	A	T	I	D
D	O	E	O	U	F	O	D	H	M	U	X
K	B	N	X	B	I	X	R	C	A	G	E

PETCARRIER   TOY
TEPEE   PETCARE
LEASH   FOOD
PUPPY   CAT

Knights

C	A	S	D	A	M	E	L	H	T
E	L	T	E	S	D	R	O	E	E
H	Y	H	O	R	V	A	S	L	M
E	R	M	K	N	O	D	S	A	L
R	D	I	C	I	O	S	L	J	Y
A	L	S	O	G	H	M	A	O	T
S	R	T	A	H	T	R	N	U	I
H	E	M	T	O	F	A	C	S	L
I	L	I	D	D	L	E	E	T	I
E	L	D	S	E	G	A	N	O	B

CASTLE LORD
COAT OF ARMS MIDDLE AGES
DAME MISTREL
HELMET NOBILITY
HERALDRY SHIELD
HORSE VASSAL
JOUST LANCE
KNIGHTHOOD

letter A

P	S	A	N	A	N	C	H	O	R	P
L	P	Q	L	E	A	P	R	A	U	Y
A	B	U	L	A	P	P	L	E	B	R
X	E	A	A	C	I	J	C	Y	M	A
E	H	R	O	B	C	T	K	T	A	N
P	O	I	S	C	Y	C	E	R	I	T
Z	J	U	M	K	A	P	R	O	N	D
Z	N	M	R	I	L	R	U	C	E	S
L	A	M	B	U	L	A	N	C	E	H
J	I	S	E	E	N	G	I	D	E	I
E	A	C	C	O	R	D	I	O	N	P

AX   APRON
ANCHOR   AMBULANCE
APPLE   ACCORDION
AQUARIUM   ANT

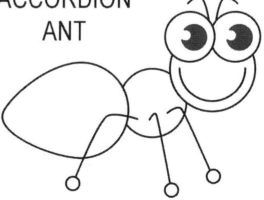

Dogs

D	A	L	M	S	A	I	N	T	D
P	E	K	A	T	I	A	N	B	R
B	E	I	N	C	O	L	B	E	A
O	S	E	G	P	S	L	O	R	N
R	Z	O	I	I	E	I	X	E	R
P	A	P	I	T	Z	A	U	C	C
N	O	L	L	S	H	I	H	H	A
B	E	P	E	G	U	H	A	I	N
E	L	O	L	U	Z	T	U	H	E
A	G	O	D	P	O	S	R	O	C

BEAGLE	PAPILLON
BORZOI	PEKINGESE
BOXER	POODLE
CANE CORSO	PUG
CHIHUAHUA	SAINT BERNARD
COLLIE	SHIH TZU
DALMATIAN	SPITZ

Cooking Word Search

L	E	H	A	T	P	A	N	K	S
S	R	M	P	O	E	C	A	O	C
A	Y	I	R	S	Y	A	I	C	A
L	G	S	O	N	D	K	M	J	L
T	I	Y	N	G	Y	E	E	T	E
A	S	P	A	T	U	L	A	I	S
B	H	A	S	I	L	E	H	T	I
O	P	L	M	P	E	P	P	E	R
W	O	Z	L	J	A	M	E	R	S
L	T	M	I	X	E	R	Z	E	N

SALT
APRON
PAN
CAKE
SCALES

SPATULA
BOWL
PEPPER
POT
MIXER

Wild Cats

C	O	L	O	S	E	R	O	T	K
O	L	O	C	L	A	V	C	O	O
C	T	I	O	U	M	A	E	L	D
H	H	G	N	P	O	N	D	O	K
E	A	E	C	L	I	C	L	Y	N
E	T	R	I	A	L	A	N	U	X
M	A	R	L	L	A	R	A	L	L
Y	A	G	J	R	C	A	M	D	E
B	O	B	A	A	R	A	G	R	O
C	A	T	G	U	C	O	U	A	P

BOBCAT   MANUL   LYNX

CARACAL   MARGAY

CHEETAH   OCELOT

COLOCOLO   ONCILLA

COUGAR   PUMA

JAGUAR   SERVAL

KODKOD   TIGER

LEOPARD   LION

B	E	D	H	B	E	D	I	S	D
C	O	U	C	O	A	R	D	F	R
A	F	O	S	C	B	U	F	U	E
W	A	R	D	H	T	E	F	T	S
E	B	O	R	A	I	T	N	O	S
B	M	I	R	V	R	A	B	R	E
O	R	O	R	A	N	I	L	C	D
O	S	T	E	S	Y	T	E	U	R
K	H	E	L	F	O	T	T	P	A
C	A	S	E	N	A	M	O	B	O

BED	OTTOMAN
BOOKCASE	SHELF
BUFFET	SIDEBOARD
~~CHAIR~~	SOFA
COUCH	TABLE
CUPBOARD	VANITY SET
DRESSER	WARDROBE
FUTON	MIRROR

Nature Word Search

R	A	I	N	C	O	B	U	G	D
I	C	F	Y	L	S	L	A	O	R
F	R	L	D	O	U	W	I	C	A
E	G	O	O	U	N	A	M	R	I
T	I	W	K	D	Y	L	E	E	N
A	L	E	B	I	R	D	N	S	B
B	H	R	S	I	L	E	H	C	O
S	T	R	E	E	K	L	O	E	W
M	O	U	N	T	A	I	N	N	S
W	I	B	O	R	I	V	L	T	A

FLOWER
CLOUD
RAINBOW
CRESCENT
MOUNTAIN

RAIN
SUN
TREE
BUG
BIRD

Beach

S	U	N	B	A	T	L	A	O	C
C	R	G	N	I	H	L	N	A	E
B	A	U	M	B	R	E	L	A	V
M	I	W	S	A	S	S	L	B	O
M	I	N	G	N	D	E	A	Y	L
L	E	T	O	L	S	E	S	E	L
B	P	F	W	L	U	G	S	T	S
B	I	L	E	L	G	L	A	I	W
E	L	O	S	U	N	E	G	U	I
P	F	P	S	L	O	U	N	S	M

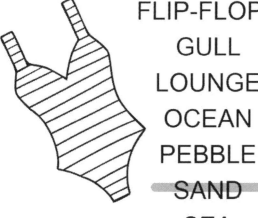

CRAB   SUNBATHING

FLIP-FLOPS   SUNGLASSES

GULL   SWIMMING

LOUNGE   SWIMSUIT

OCEAN   TOWEL

PEBBLE   UMBRELLA

SAND   VOLLEYBALL

SEA

Farmers Market

B	A	N	D	A	E	O	P	T	O	P	H
A	W	A	T	E	S	B	O	T	T	L	N
N	V	E	G	E	T	A	B	L	E	R	O
A	S	J	P	X	E	N	V	E	B	U	F
N	A	A	O	O	P	A	H	O	A	C	L
P	U	M	P	K	I	N	S	H	K	B	O
F	W	E	G	H	N	A	N	W	E	V	W
J	N	R	O	S	E	L	L	E	R	A	E
U	E	T	R	F	O	T	T	H	Y	Z	R
I	H	E	H	O	C	B	C	A	M	I	D
C	O	M	N	D	O	K	O	C	W	U	X
E	B	O	F	U	N	X	I	S	H	P	N

VEGETABLE   PUMPKIN

BANANA   JUICE

JAM   SELLER

BAKERY

FLOWER

Easter

C	H	O	C	P	A	I	N	T	E
T	A	L	O	C	S	G	G	E	D
E	N	U	S	H	I	C	K	S	B
B	D	A	Y	H	P	A	L	M	O
U	R	E	E	O	L	I	E	F	N
N	G	I	T	Y	A	D	G	R	N
N	T	N	T	N	U	H	G	O	E
Y	E	G	C	A	R	D	S	N	T
S	K	S	A	B	R	E	T	D	H
P	R	I	N	G	E	A	S	T	A

BONNET HAT
CHICKS
CHOCOLATE BUNNY
EASTER BASKET
EGG HUNT
GREETING CARDS

HOLIDAY
PAINTED EGGS
PALM FROND
SPRING
SUNDAY

Crossword

Complete the words

	u	t					

s			e	

		s		o			r

		a		

	e	

	a		r			l		

WORD SEARCH

S	U	M	M	E	R	L	H
C	I	P	O	R	T	N	O
B	S	U	N	B	A	L	L
R	E	L	A	X	E	P	I
T	D	A	Q	S	A	N	D
A	Y	B	C	A	Z	I	A
N	F	U	N	H	R	S	Y

TROPIC   BALL
BEACH   TAN
SUMMER   RELAX
HOLIDAY   SUN
SAND   FUN

Dino Word Search

Find the hidden words. Look from top to bottom, bottom to top, right to left, or diagonal.

```
U K Q X V Y L C Y O S W I V T Q N G P S S G V Q
X G F O R I X P U E A T I Q R W Y H C Q E W A F M
D F T Z V Z S N E S A T A F D M S P F M K Q A P X D
G C U T B Y N D G V A L E F H J Y F F O F O Y F Z
F C P E U X D I I E F Z N H G V U Z H S Y J R U D
J M S Q V O K F N G J F A R E X K P W V S J U W
D E I X V S K I S E P J S J E W M Z F J G I P G
I A F G V J W L W T S L T A U G Q C F I W I L B
N T L S C U M I I A X G E H H B G N B A T G X B
O P Y Y W R B N M B G K G Z X S W S F O K X S K
S H O Q T T A X Q L C T O D W M R G O L Y S V N
A Y M D C L R W D E K G S V O A V U G S Y B H N
U W A W P E V J L S H Y A M X L A R N F G C T M
R I X J O G K P H C R E U E W L W Z Q V F A S T
S P V E T A L H A O O Z R W I L N O K Q T S M U
B L K Z R N L F M M L C S X Q S M Q D K Q B F P
```

Search for these words

MEAT	RUN	SWIM	CRAWL	STEGOSAURS
NEST	SMALL	REX	EGGS	DINOSAURS
FLY	DIG	SEA	FOSSIL	VEGETABLES
BIG	FAST			

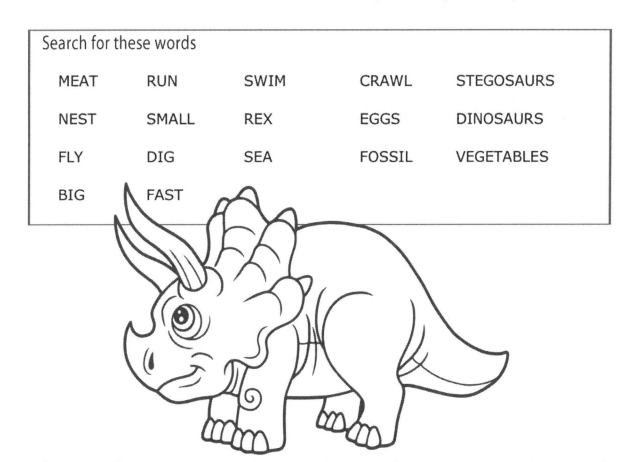

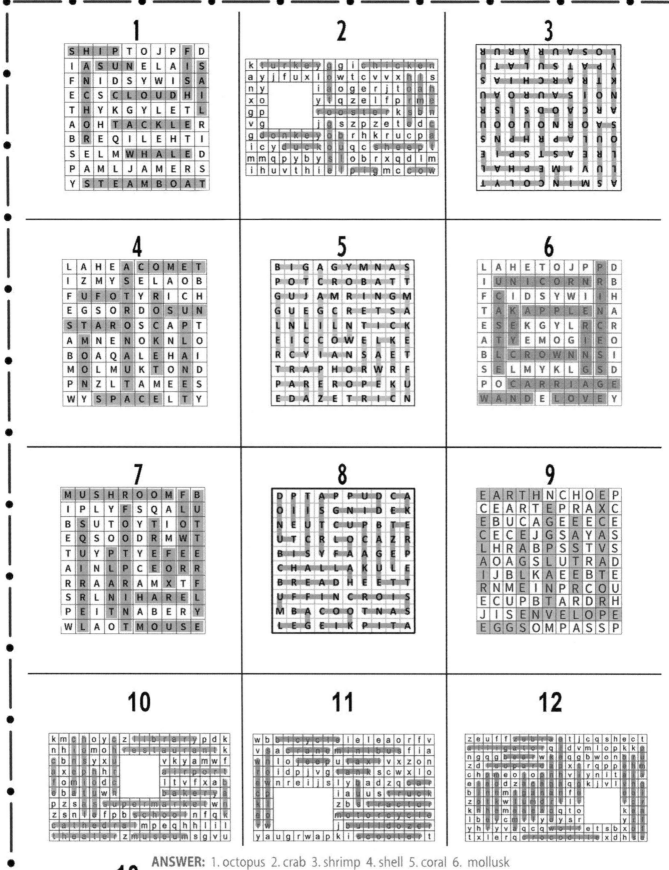

ANSWER: 1. octopus 2. crab 3. shrimp 4. shell 5. coral 6. mollusk
7. mermaid 8. plant 9. (down) sand 9. (across) squid 10. seastar 11. fish

13

14

```
B R W I R U P C A R
L E A K T L L O V D
A Z I S P O N R E I
J T S R J T C N A G
E C S E A E H J U M
A O W T C K O R E P
N A E A B L S W I M
S T S A M O T I U S
S P A J A U S E L E
H I R T S G N I G G
```

15

```
L O H P E A C H K C
I R A P P L E N O O
P A B A N A N A C C
L N S O N D A M J O
U G Y G R A P E S N
M E A E M O G N I U
P I N E A P P L E T
S E L M Y K L O I D
P A P E A R M E R S
W Y Z O R L E M O N
```

16

```
G I R Z E B H I M P
P H A C A R C E L A
E A F R O C O D I N
L N F O S T R E E Z
E T E P H C H O F
K A H Y L I O A G L
O R I T N C N T N A
O R P H O H E E I M
K U P O N O P O R C
A B R H I E N I P U
```

17

```
T H C A N D L R A O
I W E K A C E S E N
S C J I T A T I V Y
T A O V P F R O A E
N R Y N A Y I N N I
E D S I R T E S G R
S E R P S D N W U E
N G S S E H S I E L
I T E E R G S T S A
G I F T S S E V I T
```

18

```
B C O O K L A P T O P A
I W A T E R B O T T L E
O D S T A T I O N E R Y
K S E P X A D V E H U F
F B H A V O M E R C R C V
P O P A C I P U S H L E M
G P N I N T O N V I V V N
N B R E S E F R A L
D E T R E A T T A O Z N
B O E A O R B C A M I D
U U G V P D R E C V U X
F B G F C K N A S H P J
```

19

```
C E F G I H C I R C L E
R T S A S O K R I W E J
O S T R I A N G L E O N
S E A M N F C V A B A G
S P R E C T A N G L E T
H I P O M U R E R K L E
S E M I C I R C L E O H
Q P I D M A O T C R A E
U S K U I M W V S R E A
A Q R C T C T O P I S R
R T P E N T A G O N G T
E P K A S W O I C G A B
```

20

```
F I S H E J A P K D
I S E A W E E D O B
C R I D S L W I C H
R G S D O L P H I N
A I Y K G Y L E T R
B S T A R F I S H S
M E R M A I D O T H
S E L M Y S L H I E
A P S L W H A L E L
P E A R L I V E C L
```

21

```
L A H E T O J P R D
I T I G E R L A E B
F R A D S Y W I I H
E G I R A F F E N A
T I L K G Y L E D R
H L I Z E B R A E O
A H O Q I L E H E I
R E N M Y K L O R D
E A Z L J A M E R S
W Y Z O R I V L C Y
```

22

```
P S A N A N C H O R P
C H E R R Y P R A U C
A B U C A S P L E B H
X E C L J C J L Y M E
E H R O B L T K T A E
C O A C S K C E R I S
U J B K K C R A B N E
P N M R I K R U C E S
L C U P B O A R D E H
J I S E E N G I D E I
E A S C O M P A S S P
```

23

```
C W E R A C B L U E
O O R N A T L L E B
R L L I P I O N D A
N F U T A D R Y A I
F P A N I S H S H L
O T Y S Y Y C A N T
R O E L L M U M E H
G N E V A G L A D I
E E H T F O S U L O
T M L I L Y R O S E
```

24

```
L A T R U C K P R D
E Z M Y N E L A O B
F R A T T L E I B H
A G S O N A P M O A
T I D O L L U N T R
R L N E M O Z N D E
A H C A R L Z H K I
I N L M Y K L O I D
N A Z E J A E E T S
W B A L L I V L E Y
```

25

```
C A R R O T     R W P E
P E P P W Q X R U G
C T O M A T O A P U
O V E G C V G P P L
R R T E T O M I K A
N P E P P E R S I N
C A B B A G E H N T
W P O T A T O E S S
C U C U M B E R A Q
W R G D W S A A F I
P O T A F P G T S F
```

13

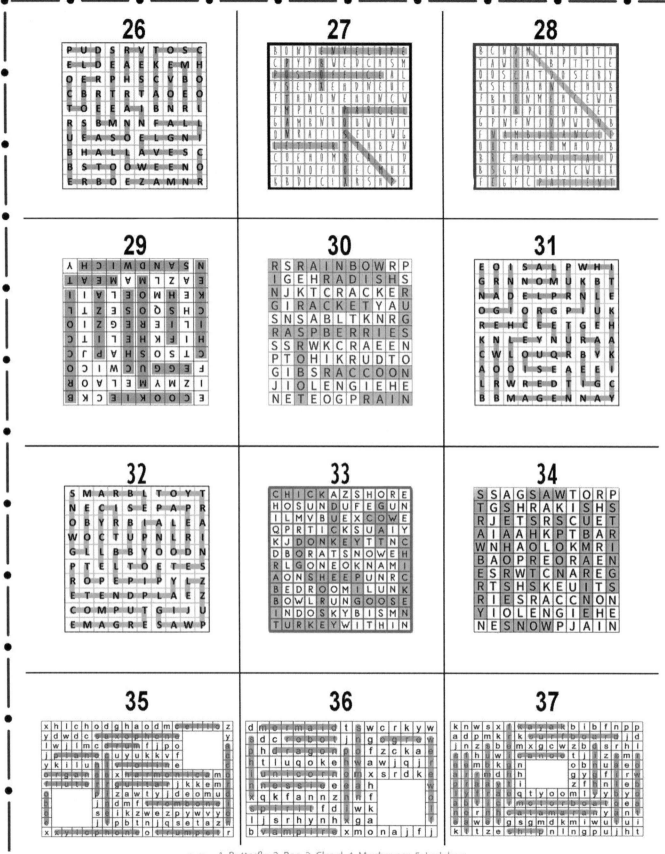

38 1. Butterfly 2. Bee 3. Cloud 4. Mushroom 5. Ladybug
6. Fish 7. Flower 8. Strawberry 9. Lizard 10. Leaf
Answer: FOREST

Word Search Puzzles

39
```
D O N K O Y P D I P S A
R B R T E R M I T E I N
A O L C S A T G K M A T
G R A S S H O P P E R D
O B D A G E S N L R N C
N P Y L A R B E A T P E
F O B U T T E R F L Y I
L N I U O M E O L E R M
Y G R S G W H A Y A K O
F U D L R U B E A G E T
K I L C O C K R O A C H
R N P N G Y M T N E K W
```

40
```
P U M P K I N H K A
T A M Y M E L A O C
E T U R K E Y R A R
A K P O N D A V J A
M A Y F L O W E R N
P U M R M O N S I B
I T O A I L E T S E
L U P I L G R I M R
G M I N A K M E B R
M N N O P I E L E Y
```

41
```
B P N O E N T E P E E L
C E D P U P P Y C H S M
P T O N V E E C A R L
I C E P X B T D E V F
F A R I B I C H E F C V
P K P M B D A D R D E L
J R M F A C K U W O V I
Q I N O T R E F U E V S
L E A S M R F V A B Z N
F N H U T A B C A T I L
D O E O U F O D H M U X
K B N X B I X R C A G E
```

42
```
C A S D A M E L H T
E L T E S D R O E E
H Y H O R V A S L M
E R M K N O D S A L
R D I C I O S L J Y
A L S O G H M A O T
S R T A H T R N U I
H E M T O F A C S L
I L I D D L E E T I
E L D S E G A N O B
```

43
```
P S A N A N C H O R P
L P Q L E A P R A U Y
A B U L A P P L E B R
X E A A C I J C Y M A
E H R O B C T K T A N
P O I S C Y C E R I T
Z J U M K A P R O N D
Z N M R I L R U C E S
L A M B U L A N C E H
J I S E E N G I D E I
E A C C O R D I O N P
```

44
```
D A L M S A I N T D
P E K A T I A N B R
B E I N C O L B E A
O S E G P S L O R N
R Z O I I E I X E R
P A P I T Z A U C C
N O L L S H I H H A
B E P E G U H A I N
E L O L U Z T U H E
A G O D P O S R O C
```

45
```
L E H A T P A N K S
S R M P O E C A O C
A Y I R S Y A I C A
L G S O N D K M J L
T I Y N G Y E E T E
A S P A T U L A I S
B H A S I L E H T I
O P L M P E P P E R
W O Z L J A M E R S
L T M I X E R Z E N
```

46
```
C O L O S E R O T K
O L O C L A V C O O
C T I O U M A E L D
H H G N P O N D O K
E A E C L I C L Y N
E T R I A L A N U X
M A R L L A R A L L
Y A G J R C A M D E
B O B A A R A G R O
C A T G U C O U A P
```

47
```
B E D H B E D I S D
C O U C O A R D F R
A F O S C B U F U E
W A R D H T E F T S
E B O R A I T N O S
B M I R V R A B R E
O R O R A N I L C D
O S T E S Y T E U R
K H E L F O T T P A
C A S E N A M O B O
```

48
```
R A I N C O B U G D
I C F Y L S L A O R
F R L D O U W I C A
E G O O U N A M R I
T I W K D Y L E E N
A L E B I R D N S B
B H R S I L E H C O
S T R E E K L O E W
M O U N T A I N N S
W I B O R I V L T A
```

49
```
S U N B A T L A O C
C R G N I H L N A E
B A U M B R E L A V
M I W S A S S L B O
M I N G N D E A Y L
L E T O L S E S E L
B P F W L U G S T S
B I L E L G L A I W
E L O S U N E G U I
P F P S L O U N S M
```

50
```
B A N D A E O P T U P A
A W A T E S B O T T L N
N W E I C I A N B O R U
B S I P X E N V E B U T
N A A O O P X Q A C L
P U M P K I N S H B U
F U E G H N M N V E V
I N R O S E T E E A L
E T R F O T T H U Z S
H E H U C B C A M I D
K O M V D O F O C V U X
J B O F U N X I S H P W
```

51

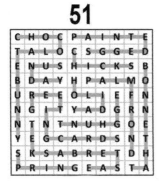

52

① HIPPOPOTAMUS
② RHINOCEROS
③ ELEPHANT
④ GIRAFFE
⑤ ZEBRA
⑥ GOOSE
⑦ WOLF

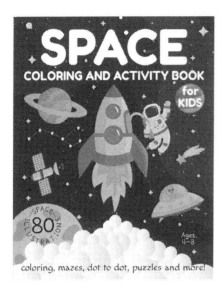

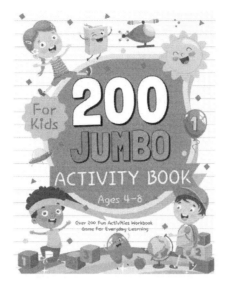

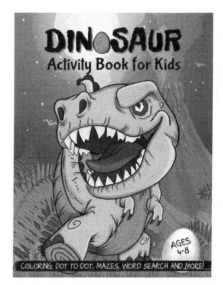

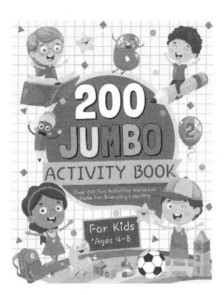

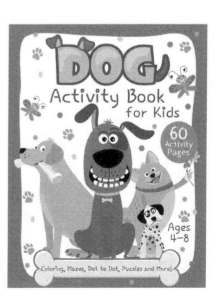

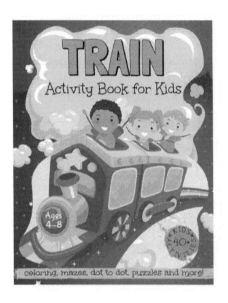

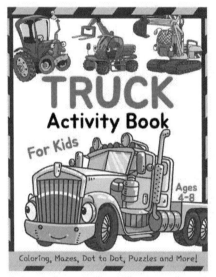

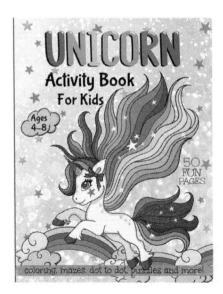

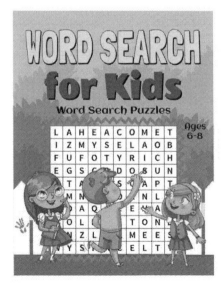

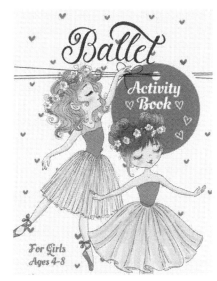

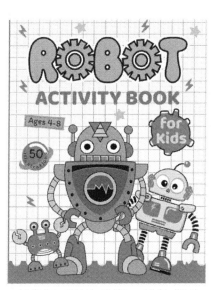

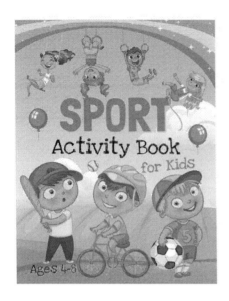  

Manufactured by Amazon.ca
Bolton, ON

21140837R00046